FÜR: _____

VON: _____

**DU BIST
MEIN ZUHAUSE.**

Ein Ort, an dem ich
ich selbst sein darf.

KEIN WEG MIT DIR
IST MIR ZU WEIT.

Ich begleite dich über
den höchsten Berg.

JEMANDEN WIE DICH ZU KENNEN, IST EIN GESCHENK.

Du siehst die Welt durch meine Augen.

Wenn du mal unsicher bist
und dich ungeliebt fühlst,
BLEIBE ICH AN
DEINER SEITE
UND TRÖSTE DICH.

ICH BIN SO
UNGLAUBLICH FROH,

dass uns das Leben
zusammengeführt hat. Mit dir
ist jeder Tag doppelt schön.

ICH BIN DEIN GRÖSSTER FAN.

Du bist wundervoll und ich kann dir nicht oft genug sagen, wie gut du mir tust.

WENN DU MAL EINE AUSZEIT BRAUCHST,

bin ich gern dein Reisebegleiter und hänge an jedem schönen Ort mit dir ab.

Den Moment genießen und
EINFACH GLÜCKLICH SEIN
kann ich mit dir am besten.

ICH LASSE DICH
NICHT IM REGEN STEHEN.

An grauen Tagen schirme ich
dich mit positiven Vibes
vor deinen trüben Gedanken ab.

Gemeinsam erleben wir
IMMER WIEDER
NEUE ABENTEUER
und machen uns
auf zu neuen Horizonten.

MIT DIR KANN MAN DEN GRÖSSTEN SPASS HABEN!

Zusammen haben wir immer was zu lachen.

DU KANNST DICH AUF MICH VERLASSEN.

Und wenn dir jemand dumm kommt,

gibt's was auf die Mütze!

WEIL DU MIR WICHTIG BIST,

verdienst du
ab und zu eine
Überraschung!

MIT MIR GEHST DU NIEMALS BADEN.

Auch wenn die Probleme mal etwas tiefer liegen.

WENN DU MAL EINE DIÄT MACHST...

helfe ich dir gern und
futtere einfach alle
ungesunden Verlockungen
vor dir weg!

**SICH GEMEINSAM
TREIBEN LASSEN.**

*Dem Leben vertrauen.
Dafür bin ich dankbar.*

An den grauen Tagen
bringen wir uns gegenseitig

FARBE INS LEBEN!

DU WIRST GEFEIERT,
SO, WIE DU BIST.

Mit all deinen
verrückten Macken und
liebenswerten Eigenarten.

Du bist und bleibst
etwas ganz Besonderes.

UND WENN DU
MAL KRANK WIRST,

denke ich an dich
und schick dir eine meiner
kleinen Spezialitäten!

Wenn du Stille benötigst,
um deine Gedanken
neu auszurichten,
MACH ICH SOGAR
YOGA MIT DIR.

WENN DIR DER ALLTAG ZUR LAST WIRD,

nehme ich dir ein
bisschen was ab.

WENN DU MAL NICHT SCHLAFEN KANNST,

machen wir einfach
gemeinsam die Nacht durch!

Du bist immer für
mich da und
ICH BIN IMMER
FÜR DICH DA!

Illustrationen

Seiten 1–39: Marieli Strate

Seite 41: © Studio Ayutaka/shutterstock.de

Textnachweis

ISBN 978-3-86229-974-4

Grafik Werkstatt „Das Original" GmbH & Co. KG

Stadtring Nordhorn 113 · D-33334 Gütersloh

www.grafik-werkstatt.de